FSC
www.fsc.org
MIX
Papier aus verantwortungsvollen Quellen
FSC® C110508

Deutsche Originalausgabe:
LV.Buch im Landwirtschaftsverlag GmbH, 48084 Münster

1. Auflage 2022

Gestaltung: Christiane Leesker, www.christiane-leesker.de
Fotografie: Vanessa Jansen, www.vanessa-jansen.de
Lektorat: Anne Huntemann, Landwirtschaftsverlag GmbH
Druck: Westermann Druck Zwickau GmbH

ISBN: 978-3-7843-5697-6

www.lv-buch.de

Christiane Leesker Vanessa Jansen

NEUE IDEEN FÜR ALTE GEMÜSE

Rezepte für Blatt-, Kohl- und Wurzelgemüse

LV.Buch

INHALT

VORWORT

Als es noch keine Supermärkte gab, keine Kühlschränke und Gefriertruhen in jedem Haushalt, als also Gemüse noch nicht weit transportiert und lange gelagert werden konnte, kochten unsere Vorfahren mit dem, was es vor Ort und zu der Jahreszeit eben gab. Und das wuchs entweder im eigenen Garten oder wurde auf dem Markt angeboten. Es wurde mit den vorhandenen Mitteln haltbar gemacht, durch Säuern, Einsalzen, Einkochen, Fermentieren und Trocknen. Vor allem im Winter war man angewiesen auf die Kohlsorten, die man noch ernten konnte, auf Wurzelgemüse aus der Sandkiste, auf getrocknete Bohnen, Erbsen und Linsen, auf Sauerkraut und eingemachte Schnibbelbohnen.

Mit den modernen Möglichkeiten hielten exotische Gemüsesorten aus aller Welt in unseren Küchen Einzug, mediterrane und asiatische, afrikanische und südamerikanische. Eine große Vielfalt, die völlig neue Geschmackserfahrungen versprach und sich großer Beliebtheit erfreute.

Inzwischen ist uns aber bewusst geworden, dass lange Transportwege, ununterbrochene Kühlketten und das Beheizen und Bewässern von Gewächshäusern wichtige Ressourcen kosten und den Klimawandel vorantreiben. Dagegen wollen wir etwas tun! Also besinnen wir uns neu auf das, was immer schon da war: Das Gemüse, das in unserer Region wächst und in der jeweiligen Jahreszeit geerntet werden kann. Wir möchten unsere Umwelt und unser Klima schonen, nachhaltiger kochen – und trotzdem lecker essen!

Bohneneintopf und Linsensuppe sind eine feine Sache, aber auf die Dauer nicht sehr abwechslungsreich. Also haben wir uns die alten Gemüsesorten vorgenommen – vor allem die, die man in der kalten Jahreszeit bekommt, wenn die Auswahl begrenzter ist als im Sommer – und geschaut, wie man damit frische und knackige Gerichte zubereiten kann. Dabei ist nicht alles unter den Tisch gefallen, was eine lange Tradition hat. Auch „alte" Gerichte sind zusammen mit den Gemüsen in Vergessenheit geraten, haben aber ein Comeback redlich verdient. Stielmuseintopf und Endivien-Kartoffeln-Stampf sollten Sie unbedingt einmal ausprobieren!

Sie werden feststellen, dass die meisten der hier vorgestellten Rezepte vegetarisch sind. Trotzdem ist dies kein vegetarisches Kochbuch. Wir möchten Sie einladen, die Gerichte ganz nach Ihren Wünschen als Hauptmahlzeit oder als Beilage zu servieren, als Snack oder auf einem Buffet. Tauschen Sie nach Belieben Zutaten aus und experimentieren Sie! Viel Spaß beim Lesen, Kochen und Genießen wünscht Ihnen dabei,

Christiane Leesker

BLATT GEMÜSE

1

2

3

BLATTGEMÜSE

Zum Blattgemüse zählen Gemüsearten, deren Blätter und Stiele essbar sind. Die meisten Blattgemüse können sowohl roh als auch gekocht verarbeitet werden. Wir stellen Ihnen hier vertraute und weniger vertraute Sorten vor, für die Sie im Anschluss vielseitige Zubereitungsformen finden.

1

Endivien
Die hier abgebildete Winterendivie ähnelt einem Salatkopf. Die krausblättrige Endivie hat deutlich tiefer geschlitzte, fiedrigkrause Blätter.

2

Chicorée
Die Stauden werden lichtgeschützt gezogen, bleiben daher hellgelb und mild im Geschmack. Chicorée schmeckt als Salat wie als Gemüse.

3

Stielmus
Das Grün der Speiserübe wird als Stielmus oder Rübstiele angeboten. Ein preiswertes und ergiebiges Wintergemüse.

Endivien gehören zur Familie der Wegwarten und wurden schon in der Antike als Salat angebaut. Die glatte Endivie oder Winterendivie wird gerne für Salate verwendet. Der Frisée oder die krausblättrige Endivie eignet sich vor allem für eine Zubereitung als Gemüse.

Auch Chicorée ist eine Wegwartenart. Die Stauden werden unter Lichtabschluss gezogen. So bleiben sie gelb und entwickeln nur wenig Bitterstoffe. Aus den dicken rübenartigen Wurzeln wird Zichorienkaffee hergestellt.

Endivien und Chicorée sind vielen als Salat vertraut, weniger jedoch in gekochter oder gebackener Form. Dabei passt die leicht bittere Note dieser Gemüse hervorragend zu Käse- und Fleischgerichten.

Beim Stielmus, auch Rübstiel genannt, handelt es sich meist um die jungen Blätter der Speiserübe, die wiederum eng mit dem Rettich, dem Senf und der Kresse verwandt ist. Das Gemüse hat im Rheinland und in Westfalen eine lange Tradition.

4

5

6

4

Postelein/Winterportulak
Die zarten Blättchen des Postelein erinnern an Feldsalat, schmecken aber nussiger als dieser. Sie können genauso zubereitet werden.

5

Spinat
Spinat verleiht Superkräfte, das wusste schon Popeye! Er steht auch als Babykost hoch im Kurs – dabei beruht der angeblich so hohe Eisengehalt des Spinats ursprünglich auf einem Kommafehler!

6

Mangold
Die bunten Blattstiele sind ein attraktiver Blickfang dieses vielseitigen Gemüses. Es verträgt sich gut mit leicht süßen Aromen.

Postelein oder Winterportulak kann als Wildkraut gesammelt werden, wird aber auch auf Wochenmärkten angeboten. Nachdem er mehrere tausend Jahre zu unserer Ernährung gehörte, ist er heute fast in Vergessenheit geraten. Postelein wird leicht mit Sommerportulak verwechselt, einer Sukkulente, die aber genauso verarbeitet werden kann.

Auch Spinat wird in Sommer- und Winterspinat unterteilt, wobei es sich aber um dieselbe Gattung handelt. Sommersalat ist zarter und kann jung zu Salat verarbeitet werden. Winterspinat hat größere, kräftigere Blätter. Er wird hauptsächlich als Gemüse verwendet.

Mangold ist eine Kulturform der Rübe, verwandt mit der Zuckerrübe. Es werden nur die Blätter und Stiele verzehrt. Man unterscheidet zwischen Stiel- und Blattmangold.

Bei Stielmus und Mangold sollten Stiele und Blätter möglichst getrennt gegart werden, weil sie sehr unterschiedliche Garzeiten haben.

Blattgemüse vertragen sich gut mit Nüssen und Kernen, mit kräftigen Käsesorten wie Roquefort oder Parmesan und mit süßen Zutaten wie Rosinen, Cranberrys, Äpfeln, Birnen und Orangen. Improvisieren Sie, indem Sie z.B. die Mangold-Frittata mit Spinat zubereiten oder den Endiviensalat mit Chicorée!

RÜBSTIEL-KUCHEN

Stielmus ist ein knackiges und saftiges Gemüse, dass seinen Biss auch bei längerem Garen nicht verliert. Der Rübstiel-Kuchen, mit einem frischen Salat als Beilage, ist daher eine besonders erfrischende Mahlzeit für den Winter.

Für 1 Tarteform von 28 cm Ø

Für den Teig:

150 g Mehl
100 g Butter
1 Ei
1 Prise Salz
Mehl zum Bearbeiten
Fett für die Form

Für den Belag:

500 g junge Rübstiele (Stielmus)
1 Zwiebel
Öl zum Braten
125 g durchwachsener Speck in Würfeln
4 Eier
200 g Schmand
150 ml Milch
100 g geriebener Emmentaler
Salz, frisch gemahlener Pfeffer
frisch gemahlene Muskatnuss

Für den Teig das Mehl in eine Schüssel geben. Die Butter in Flöckchen zufügen. Mehl und Butter mit den Fingern zerreiben, bis eine sandartige Masse entstanden ist. Ei und Salz zugeben und alles schnell zu einem glatten Teig verarbeiten. Zur Kugel formen und abgedeckt 30 Minuten kalt stellen. Den Backofen auf 180 °C Ober-/Unterhitze vorheizen.

Inzwischen das Stielmus putzen, waschen, trocken schütteln und in Streifen schneiden. Die Zwiebel schälen und würfeln. Öl in einer Pfanne erhitzen, die Speck- und Zwiebelwürfel darin anschwitzen. Stielmus zugeben und ca. 15 Minuten bei geringer Hitze schmoren lassen, bis es gar, aber noch bissfest ist.

Eine Tarteform großzügig einfetten. Den Teig auf bemehlter Arbeitsfläche passend ausrollen und die Tarteform damit auskleiden, dabei einen Rand hochziehen. Ein Stück Backpapier auf den Teigboden legen, mit getrockneten Erbsen oder Linsen beschweren und 10 Minuten im vorgeheizten Backofen vorbacken. Dann herausnehmen, Backpapier und Hülsenfrüchte entfernen (sie können mehrfach zum Blindbacken verwendet werden).

Die Eier mit Schmand, Milch, Käse, Salz, Pfeffer und Muskat verrühren und über das Stielmus gießen. Alles gut durchrühren und auf den Teig geben. Die Tarteform zurück in den Ofen stellen und den Kuchen 30 Minuten backen. Herausnehmen und heiß oder lauwarm genießen.

POSTELEINSUPPE
MIT GORGONZOLA

Die kräftig grüne Suppe mit den rotweißen Radieschenscheiben ist eine echte Augenweide. Mit ihr können Sie den Frühling in Ihrer Küche einläuten, auch wenn er draußen vielleicht noch auf sich warten lässt.

Für 4 Portionen

400 g Postelein (Winterportulak)
150 g mehlig kochende Kartoffeln
1 Schalotte
3 EL Butter
800 ml Rinderbrühe (instant)
40 g Gorgonzola
200 g Crème fraîche
Saft von 1/2 Zitrone
Salz, frisch gemahlener Pfeffer

Außerdem:
Posteleinblättchen, Radieschenscheiben und Walnussöl für die Garnitur

Den Postelein verlesen, waschen und trocken schleudern. Einige Blättchen für die Garnitur beiseitelegen. Die Kartoffeln schälen, waschen und würfeln. Die Schalotte schälen und hacken. Butter in einem Topf erhitzen und die Schalotte darin andünsten. Die Kartoffeln zugeben und die Rinderbrühe angießen. Den Deckel auflegen und die Suppe 15 Minuten köcheln lassen.

Den Gorgonzola würfeln und mit der Crème fraîche in die Suppe rühren. Alles fein pürieren und mit Zitronensaft, Salz und Pfeffer würzen.

Die Suppe auf Teller verteilen und mit Posteleinblättchen, Radieschenscheiben und Walnussöl garnieren. Heiß servieren. Dazu passt frisches Landbrot.

ENDIVIEN-STAMPF
MIT WACHSWEICHEM EI

Der Endivien-Kartoffel-Stampf ist unerwartet knackig, erfrischend und deftig. Er kann als Hauptmahlzeit oder als Beilage z.B. zu Frikadellen oder Bratwurst serviert werden.

Für 4 Portionen

750 g mehlig kochende Kartoffeln
4 Eier
Salz
400 g Endivien
1 Knoblauchzehe
3 Schalotten
Öl zum Braten
2 EL Butter
100 g saure Sahne
125 ml Milch
frisch gemahlener Pfeffer
frisch geriebene Muskatnuss

Die Kartoffeln schälen, waschen, würfeln und knapp mit Salzwasser bedeckt zum Kochen bringen. In 15–20 Minuten weich kochen. Die Eier wachsweich kochen (bei kühlschrankkalten Eiern der Größe M, angepikt und in kochendes Wasser gelegt, dauert das 6 Minuten). Danach abschrecken.

Endivien waschen, putzen, vom Strunk befreien und in Streifen schneiden. In einem Sieb abtropfen lassen. Knoblauch und Schalotten schälen und hacken.

Öl in einer großen Pfanne erhitzen, Knoblauch und Schalotten darin anschwitzen. Endivien zugeben und zusammenfallen lassen. Die gegarten Kartoffeln abgießen und mit Butter, saurer Sahne und Milch zu Brei stampfen. Mit Salz, Pfeffer und Muskat würzen. Die gebratenen Endivien zugeben und alles gut mischen.

Die Eier pellen und längs halbieren. Endivien-Kartoffel-Stampf auf Teller verteilen und je zwei Eihälften obenauf anrichten. Sofort servieren.

MANGOLDSALAT, LAUWARMER

Der Mangoldsalat mit seinen bunten Stielen ist eine echte Augenweide. Er sollte frisch genossen werden, wenn die Croûtons noch knusprig sind. Ein tolles Gericht zu einem Glas kühlen Weißwein an einem lauen Sommerabend.

Für 4 Portionen als Vorspeise oder Snack

700 g bunter Mangold
1 Brötchen
1 Knoblauchzehe
Olivenöl zum Braten
100 g gehackte Mandeln
50 g Rosinen
0,1 g Safranfäden
Salz, frisch gemahlener Pfeffer
1 Spritzer Zitronensaft

Den Mangold putzen, grob schneiden und in kochendem Salzwasser kurz blanchieren. Mit einem Schaumlöffel herausheben, kalt abschrecken und in einem Sieb gut abtropfen lassen. Das Brötchen würfeln. Den Knoblauch schälen und hacken. Die Safranfäden in etwas heißem Wasser einweichen lassen.

Olivenöl in einer Pfanne erhitzen und die Mandeln darin goldbraun rösten, herausnehmen und beiseitestellen. Neues Öl in die Pfanne geben, die Brötchenwürfel und den Knoblauch darin knusprig anrösten und wieder herausnehmen.

Den Mangold mit den Rosinen in die Pfanne geben und einige Minuten dünsten. Zum Schluss Safran, Brotwürfel und Mandeln wieder zugeben und alles mit Salz, Pfeffer und Zitronensaft würzen. Das Gericht lauwarm servieren.

CHICORÉE-SALAT
MIT ORANGE UND WALNUSS

Chicoréestauden mit ihrem knackigen Biss und leicht bitterem Aroma harmonieren wunderbar mit dem fruchtig-süßen Geschmack der Orangen. Die milde Honig-Note im Dressing rundet diesen Salat perfekt ab.

Für 4 Portionen als Vorspeise

4 Chicorée-Stauden
2 Orangen
1 EL Honig
3 EL weißer Balsamico
4 EL Walnussöl
Salz, frisch gemahlener Pfeffer
40 g gehackte Walnusskerne
frisch gehackte Petersilie zum Bestreuen

Die Chicorée-Stauden putzen. Von den äußeren Blättern 8 Stück beiseite legen. Die Stauden längs halbieren, den Strunk keilförmig herausschneiden und den Rest in feine Streifen schneiden.

Die Orangen über einer Schüssel mit einem scharfen Messer so schälen, dass die weiße Schale mit entfernt wird. Die Filets zwischen den Innenhäuten herausschneiden, dabei den herabtropfenden Saft auffangen. Das zurückbleibende Innere mit der Hand gut ausdrücken, die Filets halbieren und mit dem Chicorée mischen.

Den aufgefangenen Saft mit Honig, Balsamico, Walnussöl, Salz und Pfeffer zu einem Dressing rühren und unter den Salat mischen.
Je zwei Chicoréeblätter auf einen Teller legen. Den Salat anteilig einfüllen und mit Walnüssen und Petersilie bestreut servieren.

ENDIVIENSALAT
MIT SESAM-ZIEGENKÄSE

Endiviensalat fällt nicht so schnell zusammen wie andere Salate und bleibt auch mit Dressing lange knackig und frisch. So kann er gut vorbereitet werden und eignet sich daher besonders für einen Brunch oder ein Buffet.

Für 4 Portionen

Für den Salat:
1 kleiner Kopf Endiviensalat
2 rote Spitzpaprika
2 Bio-Orangen
4 EL Sesam
12 Ziegenfrischkäsetaler

Für das Dressing:
2 EL körniger Senf
4 EL Joghurt
1 EL Honig
1 EL weißer Balsamico
6 EL Olivenöl
Salz, frisch gemahlener Pfeffer

Den Endiviensalat putzen, waschen und trocken schleudern. Den Strunk herausschneiden, die Blätter in Streifen schneiden und auf vier Tellern anrichten.

Die Spitzpaprika putzen und in feine Streifen schneiden. Auf dem Salat verteilen. Von 1 Bio-Orange die Schale abreiben. Die Frucht längs halbieren und von einer Hälfte den Saft auspressen. Die andere Hälfte und die zweite Orange mit einem scharfen Messer so schälen, dass die weiße Innenhaut mit entfernt wird. Die Orangenfilets zwischen den Trennwänden herausschneiden. Die Filets auf dem Salat dekorieren.

Die Sesamsamen in einer kleinen Pfanne ohne Fett goldbraun rösten. Herausnehmen und auf einen Teller geben. Die Frischkäsetaler darin wenden und auf die Salatteller verteilen.

Für das Dressing den Senf mit Joghurt, Honig, Balsamico und Orangensaft- und -schale vermischen. Das Olivenöl unter ständigem Rühren einfließen lassen, salzen und pfeffern. Das Dressing über den Salat träufeln und servieren.

KALTE SPINAT-LASAGNE

Für diese „Lasagne", die ganz ohne Ofen auskommt, eignet sich der zarte Sommerspinat besser als der dickblättrigere Winterspinat. Auch durch die Kräuter-Ricotta-Creme wird dies zu einem erfrischenden Gericht für heiße Tage.

Für 4 Portionen als Hauptgericht

250 g junger Blattspinat
Salz
8 Lasagneblätter
10 Stängel Estragon
10 Stängel Petersilie
2 Knoblauchzehen
150 g Ricotta
frisch gemahlener Pfeffer
1 Spritzer Zitronensaft
200 g Schafskäse
1 Kugel Mozzarella
Olivenöl zum Beträufeln

Den Spinat verlesen, gründlich waschen und in kochendem Salzwasser einige Sekunden blanchieren. Herausheben, unter kaltem Wasser abschrecken und gut abtropfen lassen. Die Lasagneblätter in kochendem Salzwasser in ca. 10 Minuten bissfest garen, herausnehmen und in eine Schüssel mit Eiswasser legen, damit sie nicht zusammenkleben.

Estragon und Petersilie waschen und trocken schütteln. Die Blättchen abzupfen und hacken. Knoblauch schälen und zusammen mit den Kräutern und dem Ricotta pürieren. Die Creme mit Salz, Pfeffer und Zitrone würzen. Die Lasagneblätter so halbieren, dass Quadrate entstehen. Schafskäse und Mozzarella in Scheiben schneiden.

Pro Portion zuerst etwas Spinat auf jeden Teller geben, dann ein Lasagneblatt darauflegen, mit etwas Kräutercreme bestreichen und mit ein wenig Schafskäse belegen. Diesen Ablauf noch zweimal wiederholen. Mit einem vierten Lasagneblatt, ein paar Spinatblättern und einer Scheibe Mozzarella abschließen. Vor dem Servieren jede Portion mit Olivenöl beträufeln.

POSTELEINSALAT
MIT KARTOFFELN UND SPECK

Postelein, auch Winterportulak oder Kubaspinat genannt, ähnelt vom Geschmack her dem Feldsalat, ist aber in Verbindung mit einem Dressing stabiler und bleibt länger frisch und knackig.

Für 4 Portionen

500 g fest kochende Kartoffeln
Salz
1 kleine Zwiebel
2 EL Sonnenblumenöl
150 ml Gemüsebrühe (Instant)
1 EL körniger Senf
2 EL weißer Balsamico
frisch gemahlener Pfeffer
100 g Postelein
1 Bund Radieschen
50 g Speckwürfel

Die Kartoffeln gründlich waschen, eventuell halbieren und in kochendem Salzwasser 20 Minuten garen. Danach abgießen, gut abschrecken und abkühlen lassen. Die Kartoffeln pellen, in Scheiben schneiden und in eine Schüssel geben.

Die Zwiebel schälen und hacken. Das Öl in einer Pfanne erhitzen und die Zwiebel darin andünsten. Die Brühe angießen und 5 Minuten einkochen lassen. Dann Senf und Balsamico unterrühren. Das Dressing mit Salz und Pfeffer würzen und über die Kartoffelscheiben geben.

Den Postelein verlesen, waschen und trocken schleudern. Die Radieschen waschen, putzen und in feine Scheiben schneiden. Den Speck in einer beschichteten Pfanne ohne Fett goldbraun und knusprig braten.

Postelein und Radieschen zu den Kartoffeln geben und alles vermengen. Den Salat auf Tellern anrichten und mit Speckwürfeln bestreut servieren.

MANGOLD-FRITTATA
MIT PINIENKERNEN

Eine Frittata ist so etwas wie ein Omelett oder Eierkuchen auf Italienisch. Sie wird oft wie hier mit Gemüse und Käse gefüllt. Mangold und Schafskäse, Rosinen und Pinienkerne verbinden sich zu einer raffinierten Mischung.

Für 1 Frittata von 28 cm Ø

200 g Mangold
1 Schalotte
1 Knoblauchzehe
3 Eier
3 EL Milch
75 g Schafskäse
2 EL Pinienkerne
75 g Rosinen
Olivenöl zum Braten
Salz, frisch gemahlener Pfeffer

Den Mangold waschen, trocken schütteln und putzen. Die Blätter von den Stielen trennen, die Blätter in Streifen, die Stiele in Stücke schneiden. Schalotte und Knoblauch schälen und fein würfeln. Die Eier mit der Milch verrühren. Den Schafskäse klein würfeln oder bröckeln und untermischen.

Die Pinienkerne in einer Pfanne ohne Fett goldbraun rösten. Olivenöl in einer beschichteten Pfanne erhitzen. Schalotten- und Knoblauchwürfel sowie die Mangoldstiele darin andünsten. Die Blätter zugeben und zusammenfallen lassen. Die Rosinen zugeben. Alles mit der Eiermilch übergießen, salzen und pfeffern (Vorsicht, der Schafskäse ist schon salzig). Einen Deckel auf die Pfanne legen und die Frittata bei geringer Hitze einige Minuten stocken lassen, dabei gelegentlich rütteln, um sie vom Pfannenboden zu lösen.

Zum Servieren die Frittata auf einen vorgeheizten Teller gleiten lassen und dabei zusammenklappen. Dazu passt frisches Brot.

SPINATKNÖDEL

Ein typisch österreichisches Rezept. Übrig gebliebene Knödel können Sie am nächsten Tag in Scheiben schneiden und in Butter braten. Oder mit einem Essig-Öl-Dressing wie einen Salat anrichten.

Für 4–6 Portionen

250 g altbackenes Weißbrot
80 ml warme Milch
1 Zwiebel
2 Knoblauchzehen
250 g frischer Blattspinat
3 EL Mehl
2 EL geriebener Parmesan
2 EL Butter
Salz, frisch gemahlener Pfeffer
frisch geriebene Muskatnuss
3 Eier
2 EL geriebener Parmesan zum Bestreuen

Das Brot in kleine Würfel schneiden und in der Milch einweichen. Zwiebeln und Knoblauch schälen und hacken. Den Spinat gründlich waschen, verlesen und von harten Stielen befreien und in Streifen schneiden.

Die eingeweichten Brotwürfel in einer Rührschüssel mit Mehl und Parmesan mischen. Die Hälfte der Butter in einer Pfanne zerlassen, Zwiebel und Knoblauch darin anschwitzen. Den Spinat zugeben, mit Salz, Pfeffer und Muskat würzen und unter Rühren zusammenfallen lassen.

Den Spinat zur Brotmischung geben. Die Eier unterrühren. Den Teig zugedeckt 30 Minuten ruhen lassen. Danach mit nassen Händen aus der Masse ca. 16 Knödel formen und in kochendem Salzwasser garen. Die Knödel sind fertig, wenn sie an die Oberfläche steigen, das dauert ca. 15 Minuten. Mit einem Schaumlöffel herausheben.

Die verbliebene Butter in einer Pfanne bräunen. Die Knödel auf einer Platte anrichten, mit der gebräunten Butter beträufeln und mit Parmesan bestreut servieren.

GEBRATENER CHICORÉE
MIT BIRNE UND NUSSKNUSPER

Diese Vorspeise ist super schnell vorbereitet und ebenso überraschend wie köstlich. Wer möchte, kann noch gehackten Thymian mit in das Honig-Dressing rühren und die angerichteten Stauden mit Balsamico-Creme verzieren.

Für 4 Portionen als Vorspeise

Für den Nussknusper:
50 g Nussmix (gesalzen)
1 EL Zucker

Für den Chicorée:
4 Chicorée-Stauden
2 Birnen
1 EL weißer Balsamico
1 EL Sojasauce
1 EL flüssiger Honig
Salz, frisch gemahlener Pfeffer
Öl zum Braten

Für den Nussknusper die Nüsse hacken. 3 EL Wasser mit Zucker in einer Pfanne zum Kochen bringen, die gehackten Nüsse zugeben und so lange rühren, bis sich rundherum eine braune Zuckerschicht gebildet hat (Achtung: verbrennt schnell). Sofort auf ein Stück Backpapier geben und abkühlen lassen.

Für den Chicorée die Stauden putzen, längs halbieren und den Strunk keilförmig herausschneiden. Die Birnen schälen, vierteln, vom Kerngehäuse befreien und die Viertel noch einmal halbieren. Balsamico, Sojasauce, Honig, Salz und Pfeffer zu einem Dressing verrühren.

Öl in einer großen Deckelpfanne erhitzen. Die Chicoréestauden zuerst auf der Schnittfläche, dann von allen Seiten braten. Mit dem Dressing ablöschen, die Birnen-Achtel zugeben, den Deckel auflegen und alles 5 Minuten garen.

Inzwischen den abgekühlten Nussknusper hacken. Chicorée und Birnen auf Tellern anrichten, mit der Sauce beträufeln und mit Nussknusper bestreut servieren.

ÜBERBACKENER CHICORÉE
MIT KÄSESAUCE

Der überbackene Chicorée kann als Beilage – z.B. zu kurz gebratenem Fleisch – oder als Hauptgericht gegessen werden. Für eine nicht-vegetarische Variante die Stauden einfach mit Kochschinkenscheiben umwickeln.

Für 4 Portionen als Hauptgericht

5–6 Chicorée-Stauden
Salz
2 EL Butter
2 EL Mehl
100 g Raclette-Käse
200 g Crème fraîche
Salz, frisch gemahlener Pfeffer
frisch geriebene Muskatnuss
50 g frisch geriebener Parmesan
Butterflöckchen zum Belegen

Die Chicorée-Stauden putzen. Den Strunk keilförmig herausschneiden. Die Stauden in kochendem Salzwasser in 8 Minuten bissfest garen. Herausheben und in eine Auflaufform legen. Vom Kochwasser 500 ml abmessen und beiseitestellen.

Den Backofen auf 200 °C Ober-/Unterhitze vorheizen. Für die Sauce die Butter in einem Topf zerlassen. Das Mehl einrühren und kurz anrösten. Den Topf vom Herd nehmen und das Chicorée-Kochwasser mit dem Schneebesen kräftig unterrühren, sodass keine Klümpchen entstehen. Zurück auf den Herd stellen und erneut erhitzen. Den Raclette-Käse würfeln und in der Sauce schmelzen. Mit Salz, Pfeffer und Muskat würzen.

Die Käsesauce über den Chicorée in der Auflaufform gießen. Mit Parmesan bestreuen und Butterflöckchen obenauf verteilen. Den Chicorée im vorgeheizten Backofen auf mittlerer Schiene 20 Minuten backen. Für eine schöne Bräunung für die letzten Minuten den Grill zuschalten. Herausnehmen und zu Pellkartoffeln servieren.

MANGOLDRISOTTO
MIT ZWEIERLEI KÄSE

Risotto eignet sich wunderbar, um Mangold zuzubereiten, weil die Reiskörner während der Zubereitung sein Aroma aufnehmen und verstärken. Die Kunst dabei ist, dass das Risotto sowohl bissfest als auch cremig wird.

Für 4 Portionen

400 g Mangold
1 Zwiebel
1 Knoblauchzehe
1 rote Spitzpaprika
Olivenöl zum Braten
Salz, frisch gemahlener Pfeffer
200 g Risottoreis
150 ml Weißwein
800–900 ml heiße Gemüsebrühe (instant)
40 g geriebener Parmesan
50 g Brie, gewürfelt

Den Mangold waschen, trocken schütteln und putzen. Die Blätter von den Stielen trennen und in Streifen schneiden. Die Stiele in Stücke schneiden. Zwiebel und Knoblauch schälen und fein hacken. Die Paprikaschote putzen und würfeln.

Olivenöl in einer großen Pfanne oder einem breiten Topf erhitzen. Zwiebel und Knoblauch darin andünsten. Den Reis zugeben und glasig werden lassen. Die Mangoldstiele und die Paprikawürfel zugeben und mit anbraten. Dann die Mangoldblätter zufügen und zusammenfallen lassen, alles salzen und pfeffern. Das angedünstete Gemüse herausnehmen und beiseite stellen.

Erneut Olivenöl in der Pfanne erhitzen. Den Risottoreis darin glasig werden lassen, dann mit dem Weißwein ablöschen und einkochen lassen. Etwa ein Viertel der Brühe zugeben und unter Rühren einkochen lassen, dann nachgießen. Nach ca. 15 Minuten Garzeit das Gemüse wieder zugeben. Die restliche Brühe angießen und köcheln lassen, bis der Reis gar ist. Das dauert ca. 25 Minuten. Zum Schluss Parmesan und Brie zugeben und unterrühren.

Das Risotto auf vorgewärmten Tellern anrichten und genießen.

STIELMUS-EINTOPF
MIT METTENDCHEN

Dieser fast vergessene Klassiker unter den Eintopfgerichten verdient es, wiederentdeckt zu werden! Sie können den Eintopf mit gebratenen Speckwürfeln statt mit Mettendchen garnieren oder die Fleischeinlage ganz weglassen.

Für 4 Portionen

800 g mehlig kochende Kartoffeln
Salz
1 kg Rübstiele
1 Zwiebel
3 Möhren
Butter zum Braten
500 ml Rinderbrühe (instant)
frisch gemahlener Pfeffer
frisch geriebene Muskatnuss
1 EL Dijon-Senf
4 geräucherte Mettendchen

Die Kartoffeln schälen, waschen und grob würfeln. Mit Salzwasser zum Kochen bringen und 10 Minuten garen.

Inzwischen die Rübstiele gründlich waschen, trocken schütteln und putzen. Dunkelgrüne Blätter entfernen, sie sind zu bitter. Die Stiele und das junge Grün kleinschneiden. Die Zwiebel schälen und würfeln. Die Möhren schälen, längs halbieren und in Scheiben schneiden.

Butter in einem großen Topf zerlassen. Die Zwiebelwürfel und die Rübstiele darin andünsten. Die Möhren zugeben und die Brühe angießen. Die vorgekochten Kartoffeln abgießen und ebenfalls zugeben. Den Eintopf 15 Minuten köcheln lassen. Dann kräftig durchrühren, mit Salz, Pfeffer, Muskat und Senf würzen und die Mettendchen einlegen. Weitere 10 Minuten bei geringer Hitze garen.

Zum Servieren die Mettendchen aus dem Topf nehmen und den Eintopf noch einmal kräftig durchrühren, bis die Kartoffeln zerfallen. Die Mettendchen in Scheiben schneiden. Das Stielmus auf vorgewärmte Teller verteilen, die Wurstscheiben obenauf anrichten. Dazu Senf reichen.

KOHL GEMÜSE

1

2

3

KOHLGEMÜSE

Kohl ist eine einjährige Blattpflanze. Zu den Kohlsorten zählen z.B. Blumenkohl, Brokkoli, Chinakohl, Kohlrabi, Grün- oder Krauskohl, Palmkohl (Schwarzkohl, Toskanakohl), Romanesco, Rotkohl, Spitzkohl, Weißkohl, Wirsing und Rosenkohl.

Welches Pflanzenteil vom Kohl gegessen wird, ist sehr unterschiedlich. Bei einigen Sorten sind es die Blätter, andere bilden dicke Sprossachsen (wie Kohlrabi) oder essbare Blüten aus (Blumenkohl, Romanesco, Brokkoli).

Die artenreichste Gruppe bilden die Gemüsekohlarten. Hierzu gehören die meisten Kohlsorten, die in unseren Gärten angebaut werden, wie Rotkohl, Weißkohl oder Wirsing.

Rosenkohl bildet an einem hohen Stängel dicht an dicht spiralförmig angeordnete Knospen aus. Ursprünglich stammt er aus den Niederlanden oder Belgien. Daher stammen die Bezeichnungen Brüsseler Kohl oder Brabanter Kohl, die in einigen Regionen verbreitet sind.

Wirsing ist eine Zuchtform des Gemüsekohls mit krausen und gewellten Blättern. Er ist frostresistent und kann den ganzen Winter hindurch geerntet werden. Bei der Zubereitung von Kohlrouladen scheiden sich die Geister, ob nun Weißkohl oder Wirsing dafür zu verwenden ist. Aber das ist natürlich Geschmacksache.

1

Rosenkohl
Wird auch Sprossenkohl genannt. Die Röschen sitzen dicht gedrängt am Stängel der Kohlpflanze.

2

Wirsing
Stammt ursprünglich aus Oberitalien, von wo der Kohl (frz. chou de Milan, engl. savoy cabbage) im 18. Jh. eingewandert ist.

3

Rotkohl | Weißkohl
Kopfkohl ist in Deutschland seit dem 8. Jh. bekannt. Rotkohl wird auch Rotkraut oder Blaukraut genannt, Weißkohl Kraut oder Kappes.

3

4

5

6

3

Grünkohl
Auch Krauskohl oder Braunkohl. Wird erst nach dem ersten Frost geerntet. Sorten sind z.B. Lippische Palme, Lerchenzungen oder Niedriger Krauser.

4

Schwarzkohl
Auch Palmkohl oder Toskana-Kohl. Er wird genau wie Grünkohl verarbeitet.

5

Spitzkohl
Der zarte Verwandte des Weißkohls kann schon ab April frisch geerntet werden und ist damit die früheste heimische Kohlsorte auf dem Markt.

6

Blumenkohl
In Österreich Karfiol. Gegessen werden nicht die Blätter, sondern der dichte weiße Blütenstand.

Grünkohl ist vor allem im Norden Deutschlands beliebt. Er wird nach dem ersten Frost geerntet, weil erst dadurch die in den Blättern enthaltenen Bitterstoffe in Zucker umgewandelt werden. In jüngster Zeit ist Grünkohl als „Superfood“ zu neuen Ehren gekommen und wird gerne in Smoothies oder als Rohkost verarbeitet.

Schwarzkohl oder Toskanakohl findet man noch nicht lange auf unseren Märkten. Er ist sehr dekorativ, im Vergleich zum Grünkohl milder im Geschmack, kann aber genau wie jener verwendet werden.

Spitzkohl ist milder und zarter als Weißkohl, die Blätter sind lockerer angeordnet. Geschmacklich erinnert er eher an Wirsing.

Beim beliebtesten Kohl, dem Blumenkohl, handelt es sich eigentlich um einen Blütenstand. Er kann auf die vielfältigsten Weisen zubereitet werden: Gekocht, gebraten, gebacken, frittiert oder roh.

Viele Kohlsorten können nicht nur als Gemüse, sondern auch als Salat zubereitet werden. Einige der Rezepte auf den folgenden Seiten sind von der mediterranen oder asiatischen Küche inspiriert. Sie sind leicht, sommerlich und oft überraschend im Geschmack. Bei vielen Gerichten können die Kohlsorten variiert werden, der Fantasie sind hier keine Grenzen gesetzt.

GRÜNKOHL-LASAGNE

Eine wenig italienische Lasagne, zugegeben: Der Grünkohl wird hier mit Mandeln und Aprikosen kombiniert, was eher orientalisch anmutet und ganz wunderbar harmoniert. Lassen Sie sich überraschen!

Für 1 Auflaufform von 20 x 30 cm

600 g Grünkohl
Salz
2 EL Mandelstifte
1 Zwiebel
1 Knoblauchzehe
15 getrocknete Aprikosen
3 TL Butter
200 ml Gemüsebrühe (instant)
frisch gemahlener Pfeffer
300 g Crème fraîche
100 ml Milch
1 TL abgeriebene Bio-Zitronenschale
9 Lasagneblätter (roh)
100 g geriebener Bergkäse

Den Grünkohl gründlich waschen, die Blätter von den dicken Strünken befreien und fein schneiden. Salzwasser zum Kochen bringen und den Kohl darin einige Minuten blanchieren. Herausnehmen, in einem Sieb abtropfen lassen und gut ausdrücken. Die Mandeln in einer Pfanne ohne Fett goldbraun rösten. Zwiebel und Knoblauch schälen und fein würfeln. Die Aprikosen klein schneiden.

2 TL Butter in einer Pfanne erhitzen, Zwiebel- und Knoblauchwürfel darin glasig andünsten. Den Grünkohl zugeben und 4 Minuten mitbraten. Die Brühe zugießen und zum Kochen bringen. Mandeln und Aprikosen untermischen und das Ganze mit Salz und Pfeffer würzen.

Crème fraîche mit Milch und Zitronenschale verrühren, salzen und pfeffern. Den Backofen auf 180 °C Ober-/Unterhitze vorheizen. Die Auflaufform mit der verbliebenen Butter einfetten und mit Lasagneblättern auslegen. Einen Teil Grünkohl und Crème-fraîche-Mischung einschichten. Diesen Vorgang wiederholen, bis alle Zutaten aufgebraucht sind. Mit Lasagneblättern abschließen.

Den Auflauf mit dem geriebenen Käse bestreuen und im vorgeheizten Ofen auf mittlerer Schiene 30–40 Minuten backen. Er ist gar, wenn die Nudelblätter beim Hineinstechen weich sind und der Käse eine schöne braune Kruste hat.

ROSENKOHL & MARONEN
KARAMELLISIERT

Dieses feine Gemüse mit seiner Karamellnote passt besonders gut als Beilage zu einem festlichen Geflügelbraten, z.B. zur weihnachtlichen Gans oder einer Entenbrust à l'Orange.

Für 4 Personen

500 g Rosenkohl
Salz
50 g Butter
2 EL Zucker
200 g Maronen (geschält)

Den Rosenkohl putzen. In einem Topf Salzwasser zum Kochen bringen. Den Rosenkohl hineingeben und zugedeckt ca. 10 Minuten bissfest garen. Abgießen und ausdampfen lassen. Dann die Köpfchen halbieren.
Butter und Zucker in einer Pfanne schmelzen und unter Rühren bräunen lassen. Den Rosenkohl zusammen mit den Maronen zugeben und darin schwenken, bis das Gemüse braun wird und rundum von Karamell überzogen ist. Sofort servieren.

Tipp:
Den Rosenkohl schon am Vortag knapp bissfest garen und zum Festessen durch das Karamellisieren (zum Schluss einige Zeit den Deckel auflegen) erneut erhitzen.

SPITZKOHL-RÖLLCHEN
MIT LACHS

Die leckeren Spitzkohl-Röllchen sind nicht nur erfrischend und knackig, sondern auch ein echter Blickfang. Sie lassen sich gut vorbereiten und sind daher perfekt für ein Brunch-Buffet geeignet.

Für 4 Portionen als Vorspeise oder Snack

8 Spitzkohlblätter
Salz
1/2 Bund Dill
150 g Sahne-Frischkäse
frisch gemahlener Pfeffer
einige Spritzer Zitronensaft
200 g Räucherlachs

Außerdem:
Zahnstocher

Die Spitzkohlblätter vorsichtig vom Kopf lösen (die äußeren Blätter eignen sich am besten) und in kochendem Salzwasser 2 Minuten blanchieren. Herausnehmen, unter kaltem Wasser abschrecken und abtropfen lassen.

Den Dill waschen und trocken schütteln. Die Fähnchen von den Stielen schneiden und hacken. Den Frischkäse mit Salz, Pfeffer, Dill und Zitronensaft verrühren.

Je 2 Spitzkohlblätter vom dicken Strunkansatz befreien und auf der Arbeitsfläche übereinanderlegen. Die Blätter mit der Frischkäsemischung bestreichen und die Räucherlachs-Scheiben anteilig darauf verteilen. Dabei rundum etwa 2 cm Rand lassen. Die Kohlblätter vorsichtig so fest wie möglich aufrollen, dabei die seitlichen Ränder über der Füllung einklappen.

Die Rollen mit einem scharfen Messer schräg in etwa 2 cm dicke Stücke schneiden und jedes mit 1 Zahnstocher fixieren. Die Röllchen auf einer Platte anrichten und sofort servieren.

Tipp:
Sollen die Röllchen zu einem späteren Zeitpunkt serviert werden, am besten die noch ganzen Kohlrollen abgedeckt im Kühlschrank aufbewahren und erst kurz vor dem Verzehr in Stücke schneiden.

RIBOLLITA MIT SCHWARZKOHL

Ribollita ist eine bäuerliche Suppe aus der Toskana, die häufig mit Gemüseresten zubereitet wird. Hier kommt Schwarzkohl zum Einsatz, der auch Toskana-Kohl oder Palmkohl genannt wird und mit dem Grünkohl verwandt ist.

Für 4 Portionen

2 Zwiebeln
2 Knoblauchzehen
1 kleine Fenchelknolle
400 g Schwarzkohl
2 Möhren
3 Tomaten
1 kleine Dose Wachtelbohnen (400 g, ersatzweise weiße Bohnen)
Olivenöl zum Braten
125 g durchwachsener Speck in Würfeln
2 getrocknete Chilischoten
grobes Meersalz
frisch gemahlener Pfeffer
80 ml Weißwein
1,25 l Hühnerbrühe (instant)

Außerdem:
gehackte Petersilie und frisch geriebener Parmesan zum Bestreuen

Zwiebeln und Knoblauch schälen und klein schneiden. Den Schwarzkohl waschen und trocken schütteln. Die dicken Rippen herausschneiden, die Blätter in Streifen schneiden. Die Fenchelknolle putzen, halbieren und den Strunk keilförmig herausschneiden. Die Knolle ebenfalls in Streifen schneiden. Die Möhren schälen und in Scheiben schneiden. Die Tomaten würfeln, dabei vom Stielansatz befreien. Die Bohnen in ein Sieb abgießen und abtropfen lassen.

Olivenöl in einem Topf erhitzen, Zwiebeln, Knoblauch und Speck darin goldbraun anschwitzen. Die Kohlstreifen und den Fenchel zugeben und kurz mitschmoren. Dann die Tomaten und die Chilischoten zugeben, mit Salz und Pfeffer würzen. Das Gemüse mit Weißwein ablöschen. Die Gemüsebrühe angießen und zum Kochen bringen. Die Suppe zugedeckt 15 Minuten köcheln lassen. Dann die Bohnen zugeben und weitere 5 Minuten kochen. Alles gut durchrühren.

Die Gemüsesuppe auf Teller verteilen und mit geriebenen Parmesan und gehackter Petersilie bestreut servieren.

GRÜNKOHL-FRITTATA
MIT KÜRBIS

In der Verbindung mit Kürbis und Ei schmeckt der Grünkohl überraschend mild – fast süß. Die Frittata kann auch auf dem Herd zubereitet werden. Dafür nach der Hälfte der Garzeit einmal wenden und erst dann mit Käse belegen.

Für 1 Frittata von 28 cm Ø

500 g Kürbis (Hokkaido)
1 rote Zwiebel
3 EL Olivenöl
150 g Grünkohl (küchenfertig)
Salz
70 g Baconscheiben
6 Eier
200 ml Sahne
100 ml Milch
frisch gemahlener Pfeffer
frisch gemahlene Muskatnuss
100 g Taleggio in Scheiben (ersatzweise Rotschimmel-Weichkäse)

Den Backofen auf 200 °C vorheizen. Den Kürbis waschen, putzen und halbieren. Die Kerne und Fasern mit einem Löffel herausschaben. Das Fruchtfleisch in dünne Spalten schneiden. Die Zwiebel schälen und grob würfeln. Kürbis und Zwiebel mit dem Olivenöl in einer Auflaufform mischen und im vorgeheizten Backofen (mittlere Schiene) 15 Minuten garen.

Den Grünkohl in kochendem Salzwasser 2 Minuten blanchieren, herausheben und in einem Sieb gut abtropfen lassen. Die Baconscheiben in einer Pfanne ohne Fett knusprig braten, herausnehmen und auf Küchenpapier abtropfen lassen. Die Eier mit Sahne, Milch, Salz, Pfeffer und Muskat verquirlen. Den gut ausgedrückten Grünkohl zugeben und mit der Eier-Sahne vermischen.

Die Auflaufform aus dem Ofen holen, das Grünkohl-Eier-Gemisch darüber geben. Mit Käsescheiben belegen und weitere 15 Minuten im Ofen garen. Herausnehmen und vor dem Servieren mit den knusprig gebratenen Speckscheiben belegen. Dazu passt ein grüner Salat.

POLENTA MIT ROSENKOHL UND KRÄUTERÖL

Haben Sie schon einmal Polenta zubereitet? Damit sie schön cremig bleibt, darf sie nach dem Garen nicht zu lange stehen, denn sie quillt nach und wird mit der Zeit immer fester. Gegebenenfalls noch etwas Sahne unterrühren!

Für 4 Portionen

Für den Rosenkohl:
800 g Rosenkohl
Olivenöl
3–4 Stängel Rosmarin
1/2 TL grobes Meersalz

Für die Polenta:
400 ml Sahne
800 ml Gemüsebrühe
250 g Polenta (Maisgrieß)
Salz
20 g Butter

Für das Kräuteröl:
je einige Stängel Thymian, Petersilie und Rosmarin
100 ml Olivenöl
2 EL flüssiger Honig
Saft von 1 Zitrone
Salz, frisch gemahlener Pfeffer

Außerdem:
40 g Pinienkerne

Den Backofen auf 180 °C Ober-/Unterhitze vorheizen. Den Rosenkohl putzen, halbieren und in einer Schüssel mit Olivenöl, Rosmarin und Meersalz mischen. Ein Backblech mit Backpapier auslegen, den Rosenkohl darauf verteilen und 20–30 Minuten im vorgeheizten Ofen backen.

Für die Polenta Sahne und Gemüsebrühe in einem Topf mischen und zum Kochen bringen. Die Polenta einrieseln lassen und unter Rühren bei geringer Hitze 5 Minuten köcheln lassen. Vom Herd nehmen, die Butter unterrühren und zugedeckt weiter quellen lassen.

Für das Kräuteröl die Kräuter waschen, trocken schütteln, Blättchen und Nadeln von den Stielen zupfen und hacken. Olivenöl mit Honig, Zitronensaft, Salz und Pfeffer mischen. Die Kräuter unterrühren. Die Pinienkerne in einer kleinen Pfanne ohne Fett goldbraun rösten.

Die Polenta auf Teller verteilen. Den Rosenkohl darauf anrichten und mit gerösteten Pinienkernen bestreuen. Alles mit Kräuteröl beträufelt servieren und das restliche Öl dazu reichen.

WEISSKOHL-TOPF
MIT HACKFLEISCH

Herrlich deftig und schnell gemacht. Im Schnellkochtopf geht es sogar noch flotter, hier muss der Weißkohl-Topf nur 8–10 Minuten garen. Dadurch spart man viel Zeit und Energie.

Für 4–6 Portionen

1 kg Weißkohl oder Spitzkohl
2 Zwiebeln
1 Knoblauchzehe
4 Möhren
2 EL Butterschmalz
600 g Gehacktes, halb Rind, halb Schwein
300 ml Weißwein
1 l Rinderbrühe
1 Lorbeerblatt
1 TL Kümmel
frisch gemahlener Pfeffer
1 Prise Zucker
gehackte Petersilie zum Bestreuen

Den Kohl putzen, vierteln, vom Strunk befreien und in feine Streifen schneiden oder hobeln. Zwiebeln und Knoblauch schälen und würfeln. Die Möhren schälen, längs halbieren und in Scheiben schneiden.

Butterschmalz in einem großen Topf erhitzen, Zwiebeln und Knoblauch darin anbraten. Das Hackfleisch zugeben und unter ständigem Rühren braun und krümelig braten. Kohl und Möhren zugeben und einige Minuten mitbraten.

Alles mit Weißwein ablöschen. Die Brühe angießen, das Lorbeerblatt einlegen und den Eintopf mit Kümmel, Pfeffer und Zucker würzen. Den Deckel auflegen und bei geringer Hitze 30 Minuten köcheln lassen, bis der Kohl weich, aber noch bissfest ist. Dann abschmecken und mit reichlich gehackter Petersilie bestreut servieren.

CURRY-WIRSING
MIT KABELJAU

Mit Curry gewürzt bekommt der Wirsing eine feine und regelrecht exotische Note! Ohne den Kabeljau wird er zur spannenden Beilage auch für andere Fleisch- oder Fischgerichte.

Für 4 Portionen

1 Kopf Wirsing (ca. 1 kg)
1 Zwiebel
Öl zum Braten
200 ml Sahne
100 ml Weißwein
100 ml Gemüsebrühe (instant)
1 EL Currypulver
Salz und frisch gemahlener Pfeffer
600 g Kabeljaufilet
Saft von 1/2 Zitrone
1 EL süßer Senf

Den Wirsing putzen, vierteln, vom Strunk befreien und in feine Streifen schneiden. Die Zwiebel schälen und hacken.

Öl in einer großen Deckelpfanne zerlassen, die Zwiebelwürfel darin glasig dünsten. Den Wirsing zugeben und kurz mit anbraten. Dann mit Sahne, Weißwein und Gemüsebrühe ablöschen. Mit Curry, Salz und Pfeffer würzen, gut durchrühren und zugedeckt 15 Minuten garen.

Inzwischen die Kabeljaufilets waschen und trocken tupfen. Den Fisch in Portionsstücke teilen, salzen und mit Zitronensaft beträufeln. Die Kabeljau-Stücke auf den Wirsing legen und bei geringer Hitze zugedeckt ca. 8 Minuten mitgaren. Zum Schluss den Senf unter das Gemüse rühren und servieren. Dazu passen Salzkartoffeln oder Kartoffelpüree.

WIRSING-DHAL
MIT BASMATIREIS

Für so eine hübsche Reis-Timbale wie auf dem Foto, einfach Reis in ein kleines Schälchen füllen, etwas andrücken und auf den Teller stürzen. Zu jedem Dhal passt frischer Joghurt als Beilage.

Für 4 Portionen

200 g Wirsing
2 Zwiebeln
2 Knoblauchzehen
2 Möhren
200 g rote Linsen
1 EL Ghee (ersatzweise Butterschmalz)
1 TL Kurkuma
1 TL Garam Masala
1/2 TL Zimt
1/2 TL gemahlener Koriander
1/2 TL Chiliflocken (ersatzweise Cayennepfeffer)
400 g Kokosmilch
250 g Basmatireis
Salz, frisch gemahlener Pfeffer
Saft von 1/2 Limette
frisch gehackter Koriander zum Bestreuen

Den Wirsing putzen, vom Strunk befreien und in feine Streifen schneiden. Zwiebeln und Knoblauch schälen und hacken. Die Möhren schälen und würfeln. Die Linsen in einem Sieb unter kaltem Wasser abspülen.

Ghee in einer großen Deckelpfanne erhitzen. Den Wirsing hineingeben, unter Rühren zusammenfallen lassen, wieder herausnehmen und beiseitestellen.

Jetzt Kurkuma, Garam Masala, Zimt, Koriander und Chili in die Pfanne geben und unter Rühren anbraten. Linsen und Möhren zugeben und kurz mit anschwitzen lassen. Alles mit Kokosmilch und 200 ml Wasser (die Kokosmilch-Dose damit ausspülen) ablöschen. Den Deckel auflegen und das Dhal 20 Minuten köcheln lassen. Dabei gelegentlich umrühren. Falls es zu dick wird, noch etwas Wasser nachgießen.

Inzwischen den Basmatireis in einem Sieb kalt abwaschen und mit 500 ml Wasser in einen Topf geben. Salzen und zum Kochen bringen. Den Reis 10 Minuten sanft köcheln lassen, dabei nicht umrühren. Dann vom Herd nehmen und weitere 10 Minuten zugedeckt quellen lassen.

Kurz vor Ende der Garzeit den Kohl ins Dhal rühren und alles mit Salz, Pfeffer und Limettensaft abschmecken. Mit Koriander bestreut servieren und den Basmatireis dazu reichen.

BLUMENKOHLSALAT MIT SAFRAN-DRESSING

Blumenkohl ist nicht nur als Gemüse lecker – er schmeckt auch als Salat. Das Garen im Ofen geht fix und gibt dem Kohl einen knackigen und nussigen Geschmack, den die Haselnüsse in diesem Rezept noch unterstreichen.

Für 4 Portionen

Für den Salat:
1 kleiner Kopf Blumenkohl (ca. 700 g)
2 EL Olivenöl
1 TL grobes Meersalz
1/2 Bund glatte Petersilie
1 Handvoll Haselnusskerne

Für das Dressing:
1 Prise Safranfäden
1 Handvoll Rosinen
3 EL Olivenöl
2 EL weißer Balsamico
Salz, frisch gemahlener Pfeffer

Für den Salat den Backofen auf 180 °C Ober-/Unterhitze vorheizen. Den Blumenkohl putzen und in kleine Röschen teilen. Die Röschen in einer Schüssel mit Olivenöl und Meersalz gut vermengen. Ein Backblech mit Backpapier auslegen, den Blumenkohl darauf verteilen. Im vergeheizten Ofen auf mittlerer Schiene 15–20 Minuten garen, bis er goldbraun ist.

Die Petersilie waschen, trocken schütteln, die Blättchen von den Stielen zupfen und hacken. Die Haselnusskerne in einer Pfanne ohne Fett goldbraun rösten und ebenfalls hacken.

Für das Dressing die Safranfäden für 5 Minuten in 1 EL kochend heißem Wasser einweichen. Die Rosinen zugeben. Olivenöl mit Balsamico, Salz und Pfeffer verrühren, Safranfäden und Rosinen samt Einweichwasser zugeben.

Die Blumenkohlröschen aus dem Ofen nehmen, etwas abkühlen lassen, in eine Schüssel geben und gut mit dem Dressing vermischen. Den Salat mit Petersilie und Haselnüssen bestreuen und lauwarm servieren.

BUNTER KRAUTSALAT
MIT SESAM UND INGWER

Leicht asiatisch angehaucht kommt dieser knackige Krautsalat daher. Vorsicht mit dem Sesamöl, es schmeckt sehr intensiv. Zu viel davon dominiert schnell alle anderen Aromen.

Für 4 Portionen

500 g Rotkohl
300 g Weißkohl
2 EL Salz
2 EL Zucker
200 g Möhren
2 cm frische Ingwerwurzel
Saft und abgeriebene Schale von 1 Bio-Limette
2 EL Weißweinessig
3 EL Sonnenblumenöl
1 TL Sesamöl
frisch gemahlener Pfeffer
3 TL Sesamsaat zum Bestreuen

Rotkohl und Weißkohl putzen, vom Strunk befreien und fein hobeln. Die Kohlstreifen mit Salz und Zucker in eine große Schüssel geben und mit sauberen Händen so lange kneten, bis sie weich sind. Das dauert ca. 10 Minuten.

Möhren und Ingwer schälen, raspeln und zum Kohl geben. Aus Limettensaft und -schale, Essig, Sonnenblumenöl, Sesamöl und Pfeffer ein Dressing rühren und mit dem Salat mischen.

Die Sesamsaat in einer Pfanne ohne Fett goldbraun rösten. Den Krautsalat mit gerösteten Sesam bestreut servieren.

SALAT MIT ROSENKOHL, PILZEN UND LINSEN

Eine herzhafte und herbstliche Salatmischung, die als Hauptgericht serviert werden kann. Statt Kräuterseitlingen dürfen auch andere Pilze gebraten werden. Dabei das Öl schön heiß werden lassen und anfangs nicht rühren!

Für 4 Portionen

Für den Salat:
120 g rote Linsen
200 g Rosenkohl
40 g Speckwürfel
Olivenöl zum Braten
3 TL brauner Zucker
1 EL Sojasauce
200 g Kräuterseitlinge
1 kleiner Kopf Romanasalat

Für das Dressing:
1 EL Dijon-Senf
2 EL weißer Balsamico
1 TL flüssiger Honig
Salz, frisch gemahlener Pfeffer
4 EL Olivenöl
1 TL gehackter frischer Thymian

Die Linsen nach Packungsanweisung in ungesalzenem Wasser ca. 5 Minuten garen, in ein Sieb abgießen und abtropfen lassen.

Den Rosenkohl putzen und vierteln. Den Speck in einer Pfanne auslassen, herausnehmen und auf Küchenpapier entfetten. Etwas Olivenöl zum Speckfett geben und die Rosenkohlviertel darin anbraten. Mit dem Zucker bestreuen, einen Deckel auflegen und 5 Minuten garen, bis der Kohl gar, aber noch bissfest ist. Die Sojasauce zugeben.

Die Kräuterseitlinge putzen, in Scheiben schneiden und in Olivenöl goldbraun braten. Den Salat putzen, waschen und trocken schleudern. Große Blätter klein zupfen.

Für das Dressing den Senf mit Balsamico, Honig, Salz und Pfeffer verrühren. Das Olivenöl nach und nach unterschlagen, sodass eine sämige Mischung entsteht. Den Thymian zugeben.

Salatblätter auf einer Platte verteilen, darauf die Linsen, den Rosenkohl, den Speck und die Pilze anrichten. Alles mit dem Dressing beträufeln und servieren, solange Rosenkohl und Pilze noch warm sind.

ROTKOHL-SPALTEN
AUS DEM OFEN

Ebenso wie der Rotkohl können Sie auch andere Kohlsorten als Spalten im Ofen garen. Das gibt optisch eine hübsche Abwechslung zu den üblichen Zubereitungsarten. Experimentieren Sie dabei mit Gewürzen und weiteren Zutaten!

Für 4 Portionen als Beilage

1/2 Kopf Rotkohl
Fett für die Form
2 EL Crema di Balsamico
4 EL Preiselbeeren aus dem Glas
2 EL Olivenöl
1/2 TL Zimt
Salz, frisch gemahlener Pfeffer
40 g gehackte Walnusskerne
40 g Cranberrys
200 g Weichkäse

Den Backofen auf 180 °C Ober-/Unterhitze vorheizen. Den halben Rotkohl putzen, vierteln und den Strunk keilförmig herauslösen. Eine Auflaufform einfetten, die Kohlspalten hineinlegen.

Balsamico-Creme mit Preiselbeeren, Olivenöl, Zimt, Salz und Pfeffer verrühren und die Kohlspalten damit vollständig einpinseln.

Den Kohl im vorgeheizten Ofen ca. 1 Stunde garen, dabei gelegentlich mit dem entstandenen Sud bepinseln. 20 Minuten vor Ende der Garzeit alles mit Walnüssen und Cranberrys bestreuen und die Spalten mit in Scheiben geschnittenem Weichkäse belegen. Zu Ende garen und als Beilage z.B. zu Wild- oder Schmorgerichten servieren.

WIRSING-PASTA
MIT NUSS-SAHNE-SAUCE

Eine tolle Kombination, Wirsing und Nuss mit der dezenten Zitronennote! Wer es etwas sauciger möchte, kann die Sahnemenge auf 500 ml erhöhen oder einfach etwas heißes Wasser zugeben.

Für 4 Portionen

400 g Pasta (z.B. Fusilli)
Salz
500 g Wirsing
1 Zwiebel
Olivenöl zum Braten
75 g gemahlene Haselnüsse
400 ml Sahne
4 EL saure Sahne
Saft und abgeriebene Schale von 1 Bio-Zitrone
frisch gemahlener Pfeffer
125 g durchwachsene Speckwürfel
40 g gehackte Haselnusskerne

Die Pasta in kochendem Salzwasser nach Packungsanweisung bissfest garen, abgießen und beiseitestellen.

Den Wirsing putzen, vom Strunk befreien und in feine Streifen schneiden. Die Zwiebel schälen und hacken. Olivenöl in einer großen Deckelpfanne erhitzen, Zwiebelwürfel und Wirsingstreifen darin anbraten. Die gemahlenen Haselnüsse und die Sahne unterrühren und alles 7 Minuten zugedeckt garen.

Inzwischen den Speck in einer Pfanne ohne Fett auslassen, die gehackten Haselnüsse zugeben und beides zusammen knusprig braun braten.

Den Wirsing mit saurer Sahne, Zitronensaft und -schale, Salz und Pfeffer abschmecken, die abgetropfte Pasta zugeben, alles gut vermengen und noch einmal kurz erhitzen. Dann die Wirsing-Pasta auf Teller verteilen und mit der Nuss-Speck-Mischung bestreut servieren.

WURZEL GEMÜSE

1

2

3

4

WURZELGEMÜSE

1

Mairübchen
Die hübschen Rübchen schmecken leicht karamellisiert am besten. Auch das Grün ist essbar.

2

Steckrübe
Von der Notreserve zum Küchentrend. Ein vielseitiges Gemüse mit langer Tradition.

3

Schwarzrettich
War hierzulande fast vergessen, bis er durch die japanische Küche wiederentdeckt wurde. Dünn gehobelter Schwarzrettich ist eine typische Sushi-Beilage.

4

Pastinaken
Vom Suppengemüse zum Superfood: Die gesunden und bekömmlichen Wurzeln sind als Babynahrung beliebt, aber auch in der Haute Cuisine!

Wurzelgemüse sind artenreich und vielfältig in Form und Farbe. Wir beschäftigen uns in diesem Kapitel mit Sorten, die ein wenig in Vergessenheit geraten sind, oder recht einseitig und einfallslos verwendet werden.

Mairübchen, Teltower Rübchen oder Navetten sind kugelrunde, weiße oder weiß-violette Knollen. Sie werden geschält und können dann roh verwendet, gekocht, gebacken oder gebraten werden. Das Grün kann man wie Spinat oder Stielmus zubereiten.

Die Steckrübe, Runkelrübe oder Wruke war als haltbares Wintergemüse in Notzeiten oft die einzige Nahrungsreserve. Ursprünglich wurde sie als Futterpflanze angebaut. Inzwischen wird die dicke, gelbfleischige Rübe wegen ihrer wertvollen Inhaltsstoffe geschätzt. Steckrübenmus kommt in manchen Familien als traditionelle Beilage beim Weihnachtsessen auf den Tisch.

Schwarzrettich gibt es in runder und in langer Form. Sein Fleisch ist weiß. Er kann wie weißer Rettich roh oder gekocht verzehrt werden. Wer die rettich-typische Schärfe nicht mag, bestreut den zerkleinerten Rettich mit Salz oder legt ihn in Wasser oder Essig ein.

Pastinaken, auch Hammelmöhre oder Germanenwurzel, erinnern optisch an Petersilienwurzeln, sind aber viel milder und süßlich im Geschmack. Bevor die Kartoffel

5

6

7

aus Südamerika eingeführt wurde, gehörten Pastinaken in Europa zu den Hauptnahrungsmitteln, wurden dann aber fast völlig verdrängt. Heute erfreuen sie sich wegen gesunder Inhaltsstoffe wie Vitamin C, B-Vitaminen und vor allem Folsäure neuer Beliebtheit und werden sogar in der Sterneküche verwendet.

5

Rote Bete
Die tollen Knollen mit ihrem süß-erdigen Geschmack sind schon allein durch ihre intensive Farbe immer ein Hingucker.

Die Rote Bete, Rande oder Rahne ist mit der Zuckerrübe und mit dem Mangold verwandt. Die tolle Knolle wurde früher kaum anders als süß-sauer eingelegt zubereitet. Inzwischen ist sie aus unserer Küche nicht mehr wegzudenken. Roh, gekocht oder gebacken ist die Rote Bete immer köstlich und zudem ein Blickfang. Junges Rote-Bete -Grün kann als Salat oder wie Spinat gegessen werden.

6

Schwarzwurzeln
Die Pfahlwurzeln wurden im Mittelalter verwendet, um Schlangenbisse und Herzkrankheiten zu heilen.

Schwarzwurzeln gehören zu den unbekanntesten und völlig unterschätzten Wintergemüsen. Kaum jemand weiß noch, wie der „Spargel des kleinen Mannes“ schmeckt oder zubereitet wird. Ihr Saft verfärbt sich schnell und klebt wie Leim. Am besten schält man die Wurzeln mit einem Sparschäler unter einem dünnen Wasserstrahl und legt sie sofort in Zitronenwasser.

7

Sellerie
Das würzige Gemüse – sowohl Knolle als auch Grün – wirkt entspannend und stresslindernd auf Magen, Darm und Gemüt.

Knollensellerie ist jedem bekannt, vor allem als Bestandteil von Suppengemüse. Der intensiv-würzige Geschmack ist aber durchaus in der Lage, die Hauptrolle zu spielen. Sellerieschnitzel z.B. sind ein leckerer Fleischersatz. Das Grün kommt als Staudensellerie in den Handel.

SCHWARZWURZELN
IN PARMESAN-PANADE

Eine ungewöhnliche und unglaublich leckere Zubereitungsweise für Schwarzwurzeln. Das Gericht eignet sich großartig als raffinierte Vorspeise zu einem festlichen Menü.

Für 4 Portionen als Snack oder Vorspeise

Für die Schwarzwurzeln:
800 g Schwarzwurzeln
400 ml Milch
Salz
Mehl zum Wenden
1 Ei
100 g frisch geriebener Parmesan
Olivenöl zum Braten

Für den Salat:
100 g Feldsalat
1 Knoblauchzehe
2 cm frischer Ingwer
Salz
1 EL weißer Balsamico
4 EL Apfelsaft
3 EL Olivenöl

Die Schwarzwurzeln unter einem dünnen Wasserstrahl schälen, in fingerlange Stücke schneiden und in die Milch legen. Etwas Salz zufügen und die Wurzeln in der Milch in ca. 8 Minuten bissfest garen (Vorsicht, kocht schnell über). Danach in einem Sieb abtropfen lassen.

Den Feldsalat verlesen, waschen und trocken schleudern.
Für das Dressing Knoblauch und Ingwer schälen und mit etwas Salz im Mörser zu einer Paste zerreiben. Mit Balsamico und Apfelsaft verrühren. Das Olivenöl in dünnem Strahl unterschlagen. Den Salat auf einer Platte anrichten und mit dem Dressing beträufeln.

Drei tiefe Teller bereitstellen, einen mit Mehl, einen mit verquirltem Ei und einen mit dem geriebenen Parmesan. Reichlich Olivenöl in einer tiefen Pfanne erhitzen. Die Schwarzwurzelstücke erst in Mehl, dann in Ei und schließlich in Parmesan wenden und im heißen Öl von allen Seiten goldbraun ausbacken. Herausheben und auf Küchenkrepp abtropfen lassen. Dann auf dem Salatbett anrichten und sofort servieren.

STECKRÜBEN-POMMES
MIT JOGHURT-DIP

Die Steckrüben sollten jung und frisch sein, sonst schmecken sie leicht etwas bitter. Sie können auch gemischte Wurzel-Pommes herstellen, indem Sie z.B. 1 Steckrübe, 1 Süßkartoffel, 1 rote Bete und 1 Pastinake verarbeiten.

Für 4 Portionen als Snack oder Vorspeise

Für die Steckrüben-Pommes:
2 junge Steckrüben
Speisestärke zum Wenden
Salz
Olivenöl

Für den Joghurt-Dip:
200 g Joghurt
abgeriebene Schale von 1 Zitrone
Salz
2 EL gehackte Korianderblättchen
1 EL flüssiger Honig

Den Backofen auf 200 °C vorheizen. Die Steckrüben putzen, schälen und in Stifte von ca. 1 cm Dicke schneiden. Die Pommes in eine Schüssel geben und mit Speisestärke, Salz und Olivenöl mischen.

Ein Backblech mit Backpapier auslegen, die Steckrüben-Pommes darauf verteilen und im vorgeheizten Ofen auf mittlerer Schiene 15–20 Minuten backen.

Inzwischen für den Dip den Joghurt mit Zitronenschale, Salz, Korianderblättchen und Honig verrühren.

Die fertigen Pommes frisch aus dem Ofen mit dem Joghurt-Dip genießen.

SCHWARZWURZEL-SALAT
MIT SESAM UND ORANGE

Schwarzwurzeln, Feldsalat und Orangen: Dieser Salat ist ein echtes Wintergericht. Und dabei so farbenfroh, knackig und vitaminreich, dass Ihnen beim Genießen doch die Sonne lacht!

Für 4 Portionen

Für den Salat:
Saft von 1 Zitrone
500 g Schwarzwurzeln
Salz
100 g Feldsalat
2 Orangen
2 EL Sesam

Für das Dressing:
4 EL weißer Balsamico-Essig
1 EL flüssiger Honig
Salz, frisch gemahlener Pfeffer
3 EL Sonnenblumenöl
1 TL Sesamöl

Eine Schüssel mit Wasser und dem Zitronensaft füllen. Die Schwarzwurzeln unter fließendem kaltem Wasser schälen, in mundgerechte Stücke schneiden und sofort in das Zitronenwasser legen.

Salzwasser in einem Topf zum Kochen bringen und die Schwarzwurzelstücke darin 10 Minuten garen. In ein Sieb abgießen und abkühlen lassen.

Für das Dressing in einer Schüssel den Balsamico mit Honig, Salz und Pfeffer verrühren. Die beiden Ölsorten unterschlagen. Die abgekühlten Schwarzwurzelstücke in das Dressing legen und im Kühlschrank 1 Stunde durchziehen lassen.

Den Feldsalat verlesen, waschen und trocken schleudern. Die Orangen mit einem scharfen Messer so schälen, dass die weiße Innenhaut mit entfernt wird. Die Filets zwischen den Häuten herausschneiden, dabei den Saft auffangen. Die Sesamkörner in einer Pfanne ohne Fett goldbraun rösten.

Den Feldsalat auf Salatteller verteilen. Die Orangenfilets darauf anrichten. Die Schwarzwurzelstücke aus dem Dressing heben und zum Salat geben. Den aufgefangenen Orangensaft in das Dressing rühren und die Salatportionen mit der Sauce beträufeln. Zum Schluss mit Sesam bestreuen und sofort servieren.

STECKRÜBEN-CURRY

Steckrüben passen auch in die asiatische Küche, wie dieses Gemüse-Curry beweist. Wenn Sie möchten, können Sie mit den Gemüsesorten frei improvisieren. Gut passt z.B. auch Blumenkohl oder Spinat.

Für 4 Portionen

600 g Steckrübe
500 g Möhren
2 rote Zwiebeln
1 Knoblauchzehe
2 cm frischer Ingwer
Salz
3 EL Öl
2 EL Currypulver
200 ml Gemüsebrühe (instant)
400 ml Kokosmilch
1–2 TL Speisestärke
100 g Cashewkerne
Koriandergrün für die Dekoration

Die Steckrübe putzen, schälen und würfeln. Die Möhren schälen und in dünne Scheiben schneiden. Zwiebeln, Knoblauch und Ingwer schälen und fein hacken.

Öl in einer großen Deckelpfanne erhitzen. Steckrübenwürfel darin einige Minuten anbraten. Möhren, Zwiebeln, Knoblauch und Ingwer zugeben, ebenfalls anbraten. Das Currypulver darüber stäuben und unterrühren. Mit Brühe und Kokosmilch aufgießen, alles einmal aufkochen lassen, den Deckel auflegen und 15–20 Minuten sanft köcheln lassen.

Inzwischen die Cashewkerne hacken und in einer kleinen Pfanne ohne Fett kurz rösten. Herausnehmen und beiseitestellen.

Zum Schluss das Curry mit Salz abschmecken. Die Speisestärke in etwas kaltem Wasser glattrühren und das Curry damit binden. Mit den Nüssen bestreuen und mit Koriandergrün dekoriert servieren. Dazu passt Basmatireis.

Tipp:
Für eine nicht-vegetarische Variante 1 Hähnchenbrust würfeln, salzen, pfeffern, in Mehl wenden und in heißem Öl anbraten. Herausnehmen und die Fleischwürfel 5 Minuten vor Ende der Garzeit zum Curry geben.

WALDORFSALAT

Im Jahr 1896 erschien das Rezept für Waldorfsalat – heute ein Klassiker – im Kochbuch „The Cook Book by Oscar of the Waldorf". Geschrieben hatte es Oscar Tschirky, der zu dieser Zeit Maître d'hôtel im Waldorf Hotel in New York war.

Für 4 Portionen

250 g Knollensellerie
300 g rotwangige Äpfel (z.B. Elstar)
Saft von 1/2 Zitrone
3 EL Mayonnaise
5 EL Joghurt
Salz, frisch gemahlener Pfeffer
1/2 TL Zucker
100 g Walnusskerne
100 g kernlose rote Trauben
Apfelspalten für die Dekoration

Den Sellerie putzen, schälen und raspeln. Die Äpfel waschen, vierteln, vom Kerngehäuse befreien und ebenfalls raspeln. Beides in eine Schüssel geben und mit dem Zitronensaft gut vermischen. Aus Mayonnaise, Joghurt, Salz, Pfeffer und Zucker ein Dressing rühren und über den Salat geben.

Die Walnusskerne fein hacken. Die Trauben waschen und trocken tupfen. Die Weinbeeren von den Stielen zupfen und halbieren. Walnüsse und Trauben unter den Salat mischen.

Den Waldorfsalat im Kühlschrank 30 Minuten durchziehen lassen und mit dünnen Apfelspalten dekoriert servieren.

RÜBCHENSUPPE
MIT ZIEGENKÄSE UND MANDELN

Vorbild für dieses Gericht ist eine türkische Çorbası (das heißt einfach Suppe). Zitrone und Ziegenfrischkäse sorgen für einen erfrischenden, sommerlichen Geschmack. Die Suppe ist schnell zubereitet und auch kalt lecker!

Für 4 Portionen als Snack oder Vorspeise

600 g Rübchen (Mairübchen oder Teltower Rübchen)
2 Knoblauchzehen
1 Zwiebel
Öl zum Braten
250 g Ziegenfrischkäse
3 EL Milch
Salz, frisch gemahlener Pfeffer
1 TL Paprikapulver, edelsüß
frisch gemahlene Muskatnuss
1 Prise Zucker
Saft und abgeriebene Schale von 1/2 Bio-Zitrone
4 EL Mandelblättchen
gehackte Petersilie zum Bestreuen

Die Rübchen putzen, schälen und würfeln. Knoblauch und Zwiebel schälen und hacken. Öl in einem Topf erhitzen. Knoblauch und Zwiebel darin kurz anschwitzen lassen. Dann die Rübchenwürfel zugeben und mit anbraten.

Alles mit 650 ml Wasser ablöschen und zugedeckt 7 Minuten köcheln lassen. Ziegenfrischkäse und Milch unterrühren und mit Salz, Pfeffer, Paprika, Muskat und Zucker würzen. Die Suppe pürieren und weitere 10 Minuten köcheln lassen. Zitronensaft und -schale zum Schluss unterrühren.

Die Mandelblättchen in einer kleinen Pfanne ohne Fett goldbraun rösten (Vorsicht, sie verbrennen leicht!).

Die Rübchensuppe auf Teller verteilen und mit Petersilie und gerösteten Mandelblättchen bestreut servieren. Dazu passt Fladenbrot.

SELLERIE-EINTOPF
MIT PFIFFERLINGEN

Man könnte meinen, dass der Sellerie hier stark vorschmeckt, aber das ist nicht der Fall. Tatsächlich spielen die Pfifferlinge geschmacklich die Hauptrolle. In kleinen Portionen bildet der Eintopf eine tolle Vorspeise zu Wildgerichten.

Für 4 Portionen oder für 6 als Vorspeise

10 g getrocknete Pfifferlinge
1 Zwiebel
1 Knoblauchzehe
500 g Knollensellerie
250 g Kartoffeln
2 EL Butter zum Braten
100 ml Weißwein
500 ml Gemüsebrühe
200 ml Sahne
Salz, frisch gemahlener Pfeffer
Saft von 1/2 Zitrone

Außerdem:
3 EL Kürbiskerne
1 EL rosa Pfefferkörner

Die Pfifferlinge in 200 ml warmem Wasser 20 Minuten einweichen lassen. Die Zwiebel und die Knoblauchzehe schälen und hacken. Sellerie und Kartoffeln schälen, waschen und in 1 cm große Würfel schneiden. Die Pilze abgießen, die Flüssigkeit auffangen. Die Pifferlinge fein schneiden.

Die Butter in einem Topf erhitzen. Zwiebel und Knoblauch darin glasig anschwitzen lassen. Die Sellerie- und Kartoffelwürfel zugeben und kurz mitdünsten. Mit Pilzwasser, Weißwein und Gemüsebrühe ablöschen. Alles zugedeckt 20 Minuten köcheln lassen. Danach die Sahne zugeben. Den Eintopf mit Salz, Pfeffer und Zitronensaft abschmecken und kurz pürieren (er soll sämig, aber noch stückig sein).

Die Kürbiskerne in einer Pfanne ohne Fett goldbraun rösten, abkühlen lassen und hacken. Die Pfefferkörner im Mörser grob zerstoßen. Den Eintopf in Schalen verteilen und mit gehackten Kürbiskernen und rosa Pfeffer bestreut servieren.

SCHWARZRETTICH-SUPPE
MIT RÄUCHERFORELLE

Man sieht es ihr nicht an, aber diese Suppe hat es in sich: Die Aromen von karamellisiertem Rettich und geräucherter Forelle verbinden sich zu einer überraschenden und raffinierten Kreation. Unbedingt probieren!

Für 4 Portionen

Für die Suppe:
450 g Schwarzrettich
2 Schalotten
1 EL Butter
1 EL brauner Zucker
150 ml Weißwein
500 ml Gemüsebrühe (instant)
1 Lorbeerblatt
3 Stängel Thymian
3 EL saure Sahne
Saft von 1/2 Orange
Salz, frisch gemahlener Pfeffer
frisch geriebene Muskatnuss

Außerdem:
1/2 Bund Schnittlauch
2 Scheiben Toastbrot
2 EL Butter
125 g Räucherforellenfilets

Den Rettich schälen, waschen und würfeln. Die Schalotten schälen und hacken. Butter in einem großen Topf erhitzen, Rettichwürfel und Schalotten darin anschwitzen. Mit dem braunen Zucker bestreuen und bräunen lassen. Alles mit dem Weißwein ablöschen. Die Gemüsebrühe angießen, Lorbeerblatt und Thymianstängel einlegen und alles zugedeckt 20 Minuten garen.

Inzwischen den Schnittlauch waschen, trocken schütteln und in Röllchen schneiden. Das Tostbrot würfeln. Butter in einer Pfanne erhitzen und die Brotwürfel darin goldbraun braten. Die Croûtons herausnehmen und beiseitestellen. Die Räucherforellenfilets in Stücke zupfen.

Lorbeerblatt und Thymian aus der Suppe entfernen und die saure Sahne unterrühren. Die Suppe fein pürieren und mit Orangensaft, Salz, Pfeffer und Muskat würzen. Die Schwarzrettich-Suppe auf Teller verteilen, mit Forellenstückchen und Croûtons garnieren und mit Schnittlauch bestreut servieren.

PASTINAKEN-PILAW
MIT BUTTERMILCH-DIP

Die im Pilaw verwendeten Gemüsesorten können Sie endlos variieren, z. B. mit Zuckerschoten, grünen Bohnen, Kürbisstückchen, Paprika oder Zucchini. Oder dem, was Sie noch im Kühlschrank haben und gerne verarbeiten möchten.

Für 4 Portionen

Für das Pilaw:
2 Knoblauchzehen
250 g Pastinaken
4 Möhren
3 Stangen Staudensellerie
250 g Basmatireis
Butterschmalz zum Braten
2 getrocknete Chilischoten
je 1 TL Kreuzkümmel, Kurkuma und Paprikapulver
1/2 TL gemahlener Koriander
600 ml Gemüsebrühe
2 EL Korinthen
Saft und abgeriebene Schale von 1 Bio-Limette
frisch gehackter Koriander zum Bestreuen

Für den Dip:
250 g saure Sahne
100 ml Buttermilch
1 TL Schwarzkümmel
Salz, Pfeffer

Für den Pilaw den Knoblauch schälen und hacken. Pastinaken und Möhren schälen und würfeln, den Staudensellerie putzen und in feine Scheiben schneiden. Den Reis in ein Sieb geben und unter fließendem Wasser waschen.

Butterschmalz in einer Pfanne erhitzen. Knoblauch und Gemüse darin einige Minuten andünsten. Kreuzkümmel, Kurkuma, Paprikapulver und Koriander zugeben und kurz mitbraten. Dann den Reis und die getrockneten Chilischoten zugeben. Alles gut verrühren und mit der Gemüsebrühe ablöschen. Den Deckel auflegen und das Pilaw bei geringer Hitze 10 Minuten garen.

Inzwischen für den Dip saure Sahne mit Buttermilch verrühren und mit Schwarzkümmel, Salz und Pfeffer würzen.

Das Pilaw vom Herd nehmen, die Korinthen unterrühren und zugedeckt weitere 10 Minuten quellen lassen. Zum Schluss mit Limettensaft und -schale abschmecken, mit gehacktem Koriander bestreut und nach Belieben mit Röstzwiebeln (s. Tipp) servieren. Den Buttermilch-Dip dazu reichen.

Tipp:
Für Röstzwiebeln 4 Zwiebeln schälen, in feine Ringe schneiden und in Mehl wenden. In ein Sieb geben und von überschüssigem Mehl befreien. Öl in einer Pfanne erhitzen. Die Zwiebelringe hineingeben, salzen und unter Rühren goldbraun braten.

ROTE-BETE-KARTOFFEL-GRATIN

Das Gratin schmeckt pur, mit einem Salat oder als Beilage z.B. zu geschmorten Wildgerichten. Der leicht süße Geschmack der Roten Bete passt gut zu kräftigen Fleischaromen.

Für 1 Auflaufform von ca. 20 x 30 cm.

Für das Gratin:
600 g vorwiegend festkochende Kartoffeln
3 Knollen Rote Bete (ca. 400 g)
1 Knoblauchzehe
1 EL gehackte Thymianblättchen
Salz, frisch gemahlener Pfeffer
4 EL Öl
100 g geriebener Cheddar
200 ml Sahne

Außerdem:
Fett für die Form
einige Thymianstängel für die Dekoration

Die Kartoffeln schälen und waschen. Die Rote-Bete-Knollen putzen und schälen. Beides mit der Küchenmaschine in dünne Scheiben hobeln und in eine große Schüssel geben. Knoblauch schälen und hacken. Knoblauch, Thymianblättchen, Salz, Pfeffer und Öl zum Gemüse in die Schüssel geben. Alles gut vermengen.

Den Backofen auf 180 °C Ober-/Unterhitze vorheizen. Eine Auflaufform fetten. Kartoffel- und Rote-Bete-Scheiben gleichmäßig einschichten, mit Käse bestreuen und mit Sahne übergießen.

Das Gratin im vorgeheizten Ofen 50 Minuten backen. Sollte die Oberfläche zu dunkel werden, mit Alufolie abdecken. Herausnehmen und mit Thymianstängeln dekoriert servieren.

Tipp:
Der Saft der Roten Bete färbt Hände und Schneidebrett rot. Wer das vermeiden möchte, trägt beim Schälen Einmal-Handschuhe und verwendet kein Holzbrett als Unterlage.

GEFÜLLTE ROTE BETE
MIT SCHAFSKÄSE

Wenn Ihnen das Kochen der Roten Bete zu lange dauert, verwenden Sie einfach vorgegarte, vakuumverpackte. Die gibt es in jedem Supermarkt. Das Gericht schmeckt auch kalt lecker!

Für 4 Portionen

6 große Rote-Bete-Knollen
Salz
1 Knoblauchzehe
200 g saure Sahne
1 EL Sahne-Meerrettich
1 TL frisch gehackter Majoran
200 g Schafskäse
1 ELl Öl

Die Rote-Bete-Knollen gründlich waschen und ungeschält in kochendem Salzwasser ca. 45 Minuten garen, bis sie weich, aber noch bissfest sind.

Den Backofen auf 200 °C Ober-/Unterhitze vorheizen. Die Knoblauchzehe schälen und fein hacken. Saure Sahne, Sahne-Meerrettich, Knoblauch, Majoran und den klein gebröselten Schafskäse in einer Schüssel gut verrühren.

Die Rote-Bete-Knollen nach dem Kochen abgießen und kalt abschrecken. Schälen (die Schale lässt sich nun leicht herunterreiben), unten einen Stand abschneiden und von oben aushöhlen. Das ausgehöhlte Fruchtfleisch anderweitig verwenden. Die Schafskäsecreme einfüllen.

Eine Auflaufform mit Öl einpinseln. Die gefüllten Rote-Bete-Knollen hineinsetzen und im vorgeheizten Ofen 30 Minuten überbacken. Dazu passen Brot und Salat.

REGISTER

SAISON-
KALENDER

Die hier angegebenen Zeiträume beziehen sich auf die Verfügbarkeit von Gemüse aus heimischem Freiland-Anbau.

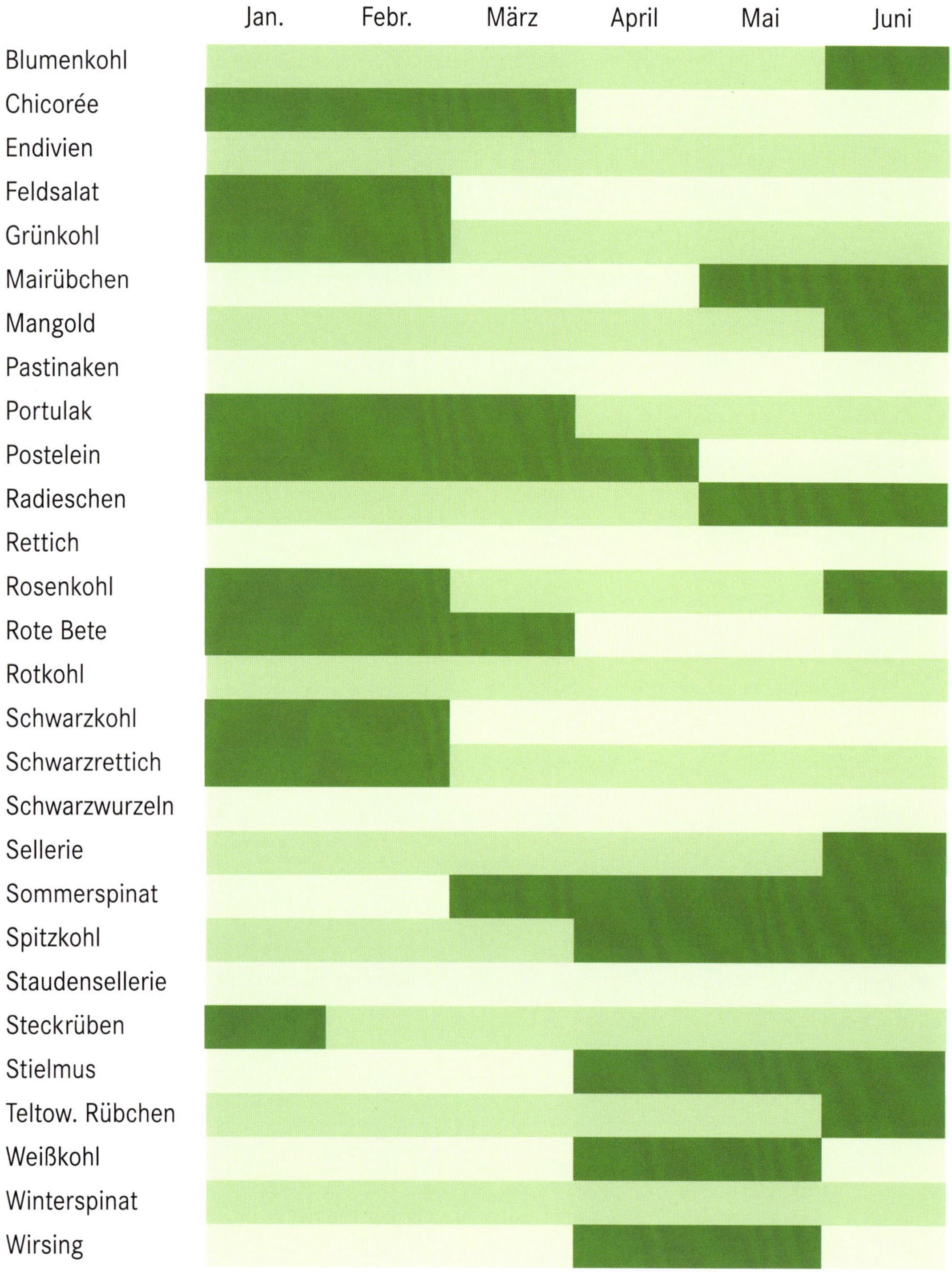

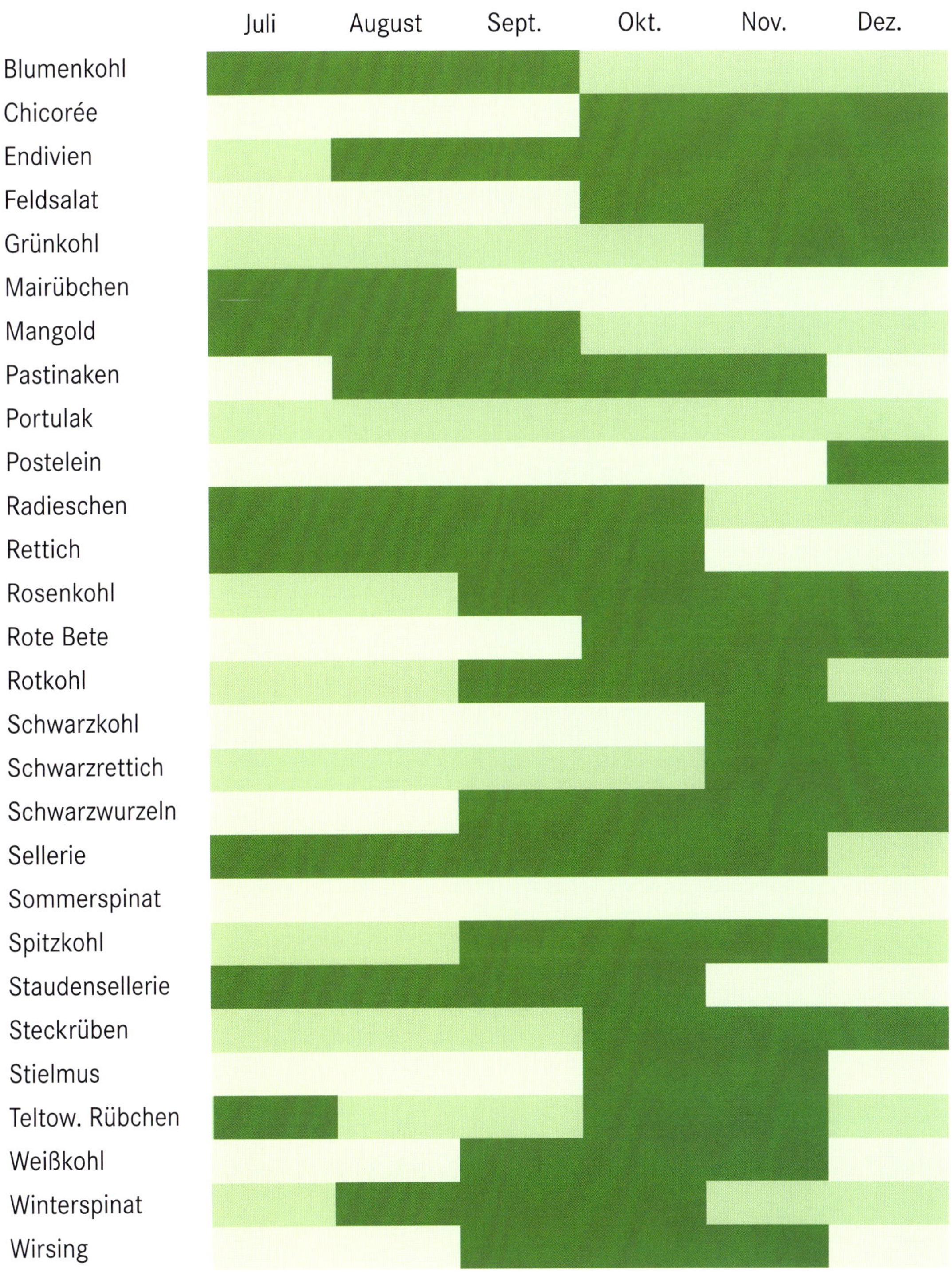
Juli
August
Sept.
Okt.
Nov.
Dez.
Blumenkohl
Chicorée
Endivien
Feldsalat
Grünkohl
Mairübchen
Mangold
Pastinaken
Portulak
Postelein
Radieschen
Rettich
Rosenkohl
Rote Bete
Rotkohl
Schwarzkohl
Schwarzrettich
Schwarzwurzeln
Sellerie
Sommerspinat
Spitzkohl
Staudensellerie
Steckrüben
Stielmus
Teltow. Rübchen
Weißkohl
Winterspinat
Wirsing

AUTOREN

Christiane Leesker studierte an der FH Münster und der École Nationale des Beaux Arts in Nancy Design. Nach ein paar Jahren als Kochbuchlektorin in einem Verlag machte sie sich als Grafikdesignerin und Autorin in den Ateliers Hafenstraße 64 in Münster selbständig. Seit 2013 veröffentlichte sie gemeinsam mit der Fotografin Vanessa Jansen ca. 20 Koch- und Lifestyle-Bücher.

Nach ihrer Ausbildung zur Fotografin arbeitete **Vanessa Jansen** einige Monate in einem Werbestudio in Alicante. Im Jahr 2007 ließ sie sich als freie Fotografin in Münster nieder. Seither setzt sie unter anderem gemeinsam mit Christiane Leesker Ideen für Kochbücher um. Ihre Food- und Moodbilder wirken authentisch und natürlich. Sie arbeitet ausschließlich mit Tageslicht.

DANK

Wir möchten uns ganz herzlich bedanken bei unserer Agentin Anette Riedel für ihren unermüdlichen Einsatz; bei der Redakteurin Lena Siemann für das in uns gesetzte Vertrauen; bei Andrea Ottenjann für Requisiten aus ihrer Küche; bei Jos Gerritschen und Nicole Heinen für ihre Hilfe beim Aufessen der fotografierten Gerichte; bei Anne Huntemann fürs Korrekturlesen und natürlich bei unseren Familien für Verständnis, Geduld und Unterstützung aller Art!